LE PETIT SÉMINAIRE

DE TERMINIERS

(1818-1833)

Par MM. les Abbés SAINSOT et AUGIS

Saint-Maixent-l'Ecole. — Impr. E. PAYET

1927

LE PETIT SÉMINAIRE

DE TERMINIERS

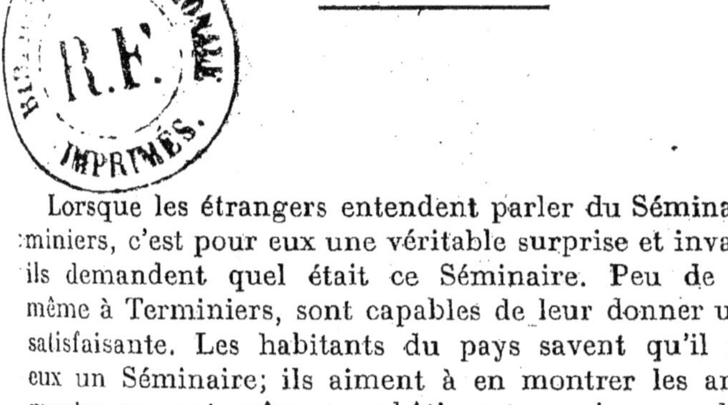

Lorsque les étrangers entendent parler du Séminaire de Terminiers, c'est pour eux une véritable surprise et invariablement
ils demandent quel était ce Séminaire. Peu de personnes,
même à Terminiers, sont capables de leur donner une réponse
satisfaisante. Les habitants du pays savent qu'il y eut chez
eux un Séminaire; ils aiment à en montrer les anciens bâtiments; ce sont même ces bâtiments, qu'on appelle toujours
le Séminaire, qui les empêchent d'en perdre le souvenir. Mais
il ne faut pas leur en demander davantage. Il n'y a pas lieu
de s'en étonner. A part quelques allusions rencontrées dans les
registres paroissiaux et dans les minutes notariales, on ne possède à son sujet aucun document, aucune pièce officielle, aucun
papier de famille. Dans ces conditions, il est difficile de savoir
ce que fut cet établissement, disparu depuis près d'un siècle,
et dont l'existence même finirait par être mise en doute, si
l'on ne consignait par écrit les quelques renseignements qu'on
peut recueillir encore. Et, ici, assurons de notre vive grati-
tude tous ceux qui ont bien voulu nous venir en aide dans
nos recherches concernant le Séminaire.

L'Abbé Liautard

Sous prétexte de réformer tout ce qui rappelait l'ancien régime, tout ce qui existait avant elle, la Révolution avait détruit toutes les institutions qui avaient fait de la France la première des nations. L'instruction n'avait pas échappé à sa rage d'anéantissement. Aussi, les contemporains nous font un tableau lamentable de l'état où se trouvait notre pays quand disparut la Terreur : on ne savait plus lire en France. Napoléon Bonaparte, qui fut suscité par Dieu pour réparer les désastres causés par le passage de l'ouragan révolutionnaire, se rendit promptement compte de cet état d'abaissement de l'instruction et son génie inventif lui fit créer l'Université et établir des collèges dans les principales villes. Mais, outre que ces mesures étaient insuffisantes, les meilleures familles refusaient de confier leurs enfants à des maîtres dont les principes leur étaient suspects. Les vrais catholiques redoutaient l'esprit universitaire.

Un prêtre savant, distingué, animé d'un zèle vraiment sacerdotal, M. l'abbé Liautard, pour donner satisfaction à de légitimes désirs, qui lui avaient été exprimés bien des fois, fonda à Paris, en 1804, un établissement d'éducation où l'enseignement était donné par des prêtres. Cette maison, dont la création répondait à un besoin urgent, fut aussitôt remplie d'élèves. Après quelques années, pendant lesquelles s'accrut encore le succès de sa fondation, M. Liautard conçut le vaste projet d'établir, dans toute la France, des écoles préparatoires aux études théologiques, de manière à réaliser dans chaque diocèse ce qui lui avait si bien réussi à Paris. Mais les difficultés étaient grandes et il fallait avant tout trouver des locaux.

Il chercha longtemps de différents côtés, sans obtenir d'abord de résultat. Un jour qu'il se plaignait de l'inutilité de ses recherches, un de ses anciens élèves, alors étudiant au Séminaire de Saint-Sulpice, à Paris, lui dit avec empressement : « Mais j'aurais peut-être votre affaire. Ma famille est propriétaire d'une petite ferme en Beauce. Les bâtiments de

culture ne sont pas occupés; je les mets à votre disposition. »
La proposition fut acceptée et, peu de temps après, la ferme,
ainsi offerte spontanément, recevait professeurs et élèves :
l'établissement de province tant désiré par M. Liautard était
fondé. C'était en 1818. Le local, transformé si promptement
en collège, n'était autre que celui qu'on a appelé et qu'on
appelle encore le *Séminaire de Terminiers*. Le complaisant
propriétaire était l'abbé Jacques Côme, alors âgé de 28 ans.

Un ancien élève du Séminaire de Terminiers, qui avait
conservé les meilleurs souvenirs de son séjour en cet établissement, M. Roullier, ancien juge à Nogent-le-Rotrou et à
Chartres, a laissé, sur l'abbé Jacques Côme, une notice qui
nous fournit de précieux renseignements et que, pour cette
raison, nous reproduisons intégralement, nous réservant de
la compléter ensuite :

« Côme (Jacques-Isaac), né à Terminiers le 12 janvier 1790,
mort à Patay le 5 mars 1839, après avoir travaillé à la culture
de la terre jusqu'à l'âge de 25 ans, alla à Paris, fit ses études
dans la célèbre maison Liautard, fut ordonné prêtre à la Trinité 1819 et vint prendre la direction du Petit Séminaire qu'il
venait de faire bâtir à Terminiers.

« M. Liautard lui fit la gracieuseté de venir l'y installer et
le complimenta publiquement sur son dévouement à la propagation de l'enseignement et des belles-lettres. Il y avait
déjà cinquante élèves, dirigés par deux hommes habiles,
MM. Chouet, aujourd'hui supérieur de Saint-Cheron, et Dallier, depuis supérieur du Grand Séminaire de Versailles. Peu
après son installation, l'abbé Côme augmenta les bâtiments,
construisit une chapelle et fit venir de Paris de savants professeurs. C'est dans ses écoles qu'ont fait leur premier apprentissage une foule d'hommes distingués dans l'agriculture, dans
le clergé et dans la magistrature. Grâce à ses sacrifices de tout
genre, Terminiers avait, en 1822, quatre-vingt-dix élèves pensionnaires, bien disciplinés et pourvus de bonnes leçons, en
grec, en latin et en français.

« Outre Terminiers, Côme s'était chargé de Loigny, où il
allait à pied, par la pluie, par la neige et au milieu de la
boue. Son activité égalait son désintéressement; sa fortune
privée ne put suffire aux dépenses. Le collège de Terminiers
commença à dépérir en 1825 et la révolution de 1830 préci-
pita sa chute. L'abbé Côme devint alors humble curé de Civry,
petite paroisse qu'il desservit jusqu'à la fin de ses jours.

« C'était un homme plein de sagesse, de douceur et de
vertus. Par sa charité et sa bienfaisance, il a préparé une foule
de jeunes à l'état ecclésiastique et rendu des services immenses
dans le canton de Terminiers, où il a propagé la connaissance
des lettres parmi les populations agricoles (1). »

Il est facile de reconnaître que ces quelques lignes ont été
inspirées par un cœur reconnaissant pour l'éducation reçue
à Terminiers et surtout pour celui qui en dirigeait l'établissement. Cette notice, cependant, demande à être complétée
et rectifiée, car le Séminaire y est laissé un peu dans l'ombre.

Mais d'abord quelques mots sur l'abbé Liautard et ses fondations. M. Liautard était né à Paris en 1774. Après avoir
passé par l'Ecole Polytechnique, il entra à Saint-Sulpice en
1802. Le 15 août 1804, n'étant encore que diacre, il ouvrit
son établissement de Paris, qui porta d'abord le nom de *Collège Notre-Dame-des-Champs* et qui avait le même but et en
grande partie les mêmes études que les collèges de l'Etat.
Comme il était tenu par des prêtres et que les séminaires
étaient rares, il recevait beaucoup de jeunes gens qui se des-
tinaient à l'état ecclésiastique et il a fourni à l'Eglise un bon
nombre de prêtres, dont plusieurs très distingués. M. Liautard créa un second collège à Gentilly; mais Gentilly était à
la porte de Paris, et c'était dans la province qu'il désirait des
succursales, parce que l'enseignement y était plus rare. Après
en avoir conféré avec plusieurs évêques, qui approuvèrent son
zèle ardent, il arriva à ses fins. Et voici comment le seul journal religieux de cette époque, *L'Ami de la Religion*, raconte
ses fondations :

« Il a formé un Petit Séminaire, en 1818, à Versailles. La
même année, une maison semblable a été créée à Terminiers-
en-Beauce, aujourd'hui diocèse de Chartres. Une famille aisée
du pays a fait les frais de l'établissement, qui sera fort utile
dans une partie si reculée du diocèse, où les moyens d'instruction étaient nuls auparavant. Puis ce fut le tour de Châlons-
sur-Marne (1819), de Reims (1820); on travaille à un autre
pour Mantes. Dès 1818, il avait passé à la Louisiane et formé
le collège Saint-Louis et, en 1820, un autre à la Nouvelle-
Orléans. » (Tome XXVII, p. 307.)

---

(1) Cette notice a paru dans l'almanach *Le Messager de la
Beauce et du Perche* (année 1859, p. 121), auquel M. Roullier
a fourni pendant plusieurs années des articles sur les prêtres
pendant la Révolution et sur d'autres sujets.

Le roi Louis XVIII montra toujours beaucoup de bienveil-
lance à M. l'abbé Liautard et il lui en fournit une preuve ma-
nifeste en lui permettant de donner son nom à l'établissement
de Paris. Par ordonnance royale du 13 avril 1822, le Collège
Notre-Dame-des-Champs devint le *Collège Stanislas* — le roi
s'appelait Louis-Stanislas — nom qu'il porte encore aujour-
d'hui et qu'il honore par ses succès, car il rivalise avantageu-
sement avec les lycées de Paris.

Terminiers en 1818

Voyons ce qu'est Terminiers à la veille de la fondation du Séminaire. C'est une simple bourgade de cette partie de la Beauce, nommée un peu dédaigneusement la *Beauce pouilleuse*, à cause de l'infériorité relative de son sol (1). La paroisse de Terminiers, qui était autrefois du diocèse d'Orléans, fait partie, depuis le Concordat de 1801, du diocèse de Chartres. Elle compte environ 1.200 habitants, dont plus de la moitié sont répartis dans une dizaine de hameaux. La plupart sont des ouvriers agricoles ou des artisans vivant de l'agriculture, maréchaux, charrons, bourreliers. Cependant, différents métiers ou négoces y ont des représentants : on y trouve épiciers, bouchers, boulangers, tailleurs, marchands drapiers, cordonniers, maçons, charpentiers, serruriers, menuisiers, cordiers, tonneliers. La vigne y est encore cultivée : le parrain de l'abbé Côme, son oncle Noël Legendre, est vigneron. Un docteur en médecine, M. Genet, et un chirurgien, M. Dieppois, exercent leur art à Terminiers et dans les environs. L'étude du notaire, Mᵉ Barillon, est très bien achalandée.

Bien que le chef-lieu de canton soit Orgères, c'est à Terminiers que résident les fonctionnaires cantonaux : le juge de paix et son greffier, le receveur de l'enregistrement, l'huissier, le percepteur.

La fondation d'un établissement comme le Petit Séminaire doit nécessairement donner à Terminiers un relief encore plus grand. Cette création d'une maison aussi importante est accueillie avec faveur par la population, qui voit en elle une occasion inattendue de prospérité matérielle, en même temps qu'elle sera pour la contrée, après la désastreuse période révolutionnaire, un principe de sérieux relèvement.

---

(1) On lit pourtant aux registres paroissiaux de 1593 : « Terminé parroisse de Beausse renommée par les climas et cantons de la tère. »

La Famille Côme

Et, maintenant, jetons un coup d'œil sur la famille du fondateur (1).

Jacques-Isaac Côme, né à Terminiers le 12 janvier 1790,
est le deuxième enfant de Jacques Côme et de Marie-Thérèse
Legendre. Sa sœur aînée, Marie-Madeleine, épouse, en 1811,
Pierre Sévin, qui sera adjoint sous la Restauration (2). Cinq
enfants naîtront encore du mariage Côme-Legendre : Jacob,
mort en bas âge, Marie-Anne, Benjamin, Raphaël et Joséphine.

Le premier curé de Terminiers, après le rétablissement du
culte, est M. l'abbé Hamard. Prêtre pieux et zélé, il s'emploie
avec ardeur à ranimer dans sa paroisse la vie chrétienne d'autrefois. Après avoir fait de nombreux baptêmes et réhabilité
plusieurs mariages, il admet à la première communion, le
quatrième dimanche de l'Avent 1803, soixante-trois enfants.
Quatre mois après, le 10 mai 1804, il en admet soixante-six
nouveaux. Le premier des garçons est Jacques-Isaac Côme,
qui se distingue en récitant les vœux du baptême, pendant
que sa sœur, Marie-Anne, récite un discours, suivant l'usage
de l'époque. Tous les enfants de cette famille sont d'une intelligence remarquable : ils se signalent à leur première communion par des vœux ou des discours..

---

(1) La famille Côme est alors très répandue dans la contrée.
De nos jours, elle possède encore, par ses multiples branches,
des représentants non seulement à Terminiers, mais dans tous
les pays environnants. Dans le cours du xixᵉ siècle, elle a
donné plusieurs de ses membres aux congrégations religieuses.

(2) Une des filles des époux Sévin-Côme, Marie-Thérèse,
épouse, en 1834, Jacques-Honoré-Stanislas Richard. Par cette
union, la famille Côme se trouve alliée avec celle de Jacques
Richard, le jeune poète né à Terminiers en 1841 et qui aura
vers 1860, son heure de célébrité.

Jacques-Isaac s'adonne, jusqu'à l'âge de 22 ou 23 ans, aux travaux des champs. En 1812 ou 1813, il entre au Collège Stanislas, à Paris, sous la direction de M. Liautard et, en 1815, au Séminaire de Saint-Sulpice. Il se livre ardemment aux études philosophiques et théologiques. En 1816 il est tonsuré, en 1818 sous-diacre et enfin il est ordonné prêtre à la Trinité 1819.

Très impressionné par le zèle de l'abbé Liautard pour la restauration des études ecclésiastiques, il rêve de doter son diocèse d'un Petit Séminaire. C'est pourquoi nous le voyons offrir sa ferme à M. Liautard, pour en faire une succursale du Collège Stanislas. « J'accepte, répond celui-ci, si on peut la transformer en maison d'éducation et y loger cinquante élèves. » Le directeur du Collège Stanislas fait donc le voyage de Terminiers, pour connaître le local, afin de l'utiliser d'une manière pratique et d'y organiser son nouvel établissement. Les bâtiments de la ferme sont inoccupés, la famille Côme résidant depuis plusieurs années dans l'ancienne grange dîmeresse du chapitre de Sainte-Croix d'Orléans, qui a été convertie en maison d'habitation.

L'abbé Côme gagne facilement son père à sa cause, en lui faisant entrevoir les profits matériels de l'entreprise. Car Jacques Côme est un homme qui sait compter. Nous le voyons, en 1810, exercer les fonctions de percepteur; en 1818, il est marchand. Il a cependant l'esprit ouvert aux nouveautés et il ne craint pas de contrarier les idées routinières de ses contemporains (1). Aussi il entre vite dans les projets de son fils et fait très bon accueil à l'abbé Liautard.

A quel mobile obéit le jeune abbé Côme en offrant sa ferme à M. Liautard? On peut là-dessus faire une hypothèse qui, certes, ne manque pas de fondement. Jacques-Côme a été, pendant la Révolution, acquéreur de biens ecclésiastiques d'une certaine importance, qui lui ont été adjugés, le 25 brumaire an III, par les administrateurs du district de Janville, dont alors dépendait Terminiers. Sans doute, le Pape, lors du Concordat, a passé l'éponge sur ces acquisitions. Mais la conscience de l'abbé Côme exige davantage. Et si, pour la fondation de son Séminaire, il n'hésite pas à sacrifier sa fortune personnelle, il n'est pas douteux que, dans son intention, c'est un moyen

----

(1) Quoique Beauceron, il a le goût des arbres. Il existe, sur la route de Sougy, un petit bois qu'il a planté et qui porte encore le nom de *Bois Jacques-Côme*.

d'arriver à ce que les biens enlevés à l'Eglise fassent retour à l'Eglise.

Voici, en 1818, la topographie de la ferme des époux Côme-Legendre : la façade de la maison donne sur le chemin qui conduit à Faverolles et Villepion; elle ne se distingue en rien des autres maisons du village. A sa droite se trouve la cour, qui se clôt par une barrière contiguë à une haie, bornant la propriété du côté du midi. A l'extrémité de la cour, quelques petites constructions : poulailler, toit à porcs, puis un passage vers la porte du jardin, qui est de peu d'étendue et assez mal soigné, comme sont généralement les jardins des fermes de Beauce. Le Beauceron soigne bien ses terres, mais il néglige son jardin. Ensuite, bâtiments agricoles, hangars, grange, fenil, le tout rejoignant le principal bâtiment de la ferme, dont l'extrémité aboutit près du chemin qui conduit à Loigny. Dans le milieu de la cour, comme partout, la fosse à fumier.

Tout autre se serait découragé à la vue d'une propriété offrant si peu de ressources pour l'établissement d'un collège. Mais M. Liautard n'est pas homme à s'effrayer; il a l'expérience en la matière et il semble né pour triompher de toutes les difficultés matérielles. D'ailleurs, son activité personnelle est grandement secondée par l'initiative résolue du jeune abbé Côme.

Ouverture du Séminaire

A quelle date, au juste, fut ouvert le Séminaire? M. Roullier, dans ses notes citées plus loin, nous dit qu'il fut ouvert à Pâques 1818. Par contre, nous avons un acte notarié, du 3 septembre 1818, signalant « le collège que le sieur Côme fait construire en ce moment ». Il n'y a qu'apparence de contradiction entre ces deux textes. Voici, en effet, comment les choses se passèrent :

Après entente complète avec la famille Côme, dès Pâques 1818, du consentement de Mgr Charrier de la Roche, évêque de Versailles (1), M. Liautard déverse sur Terminiers le trop-plein de sa maison de Paris. Avec l'esprit de décision que nous lui connaissons, il installe tant bien que mal professeurs et élèves dans les appartements disponibles. Et on se met aussitôt à l'œuvre pour la construction des bâtiments indispensables à une maison d'éducation, construction dont parle l'acte notarié du 3 septembre et qui est terminée pour la rentrée d'octobre.

Il est convenu avec Monseigneur de Versailles que M. Liautard fournira des professeurs à Terminiers, mais que Sa Grandeur pourra y envoyer des prêtres, si elle le juge à propos. Tout étant ainsi réglé, la maison est en plein exercice aussitôt après Pâques, qui tombe, cette année, le 22 mars.

L'établissement de Terminiers s'ouvre dans des conditions aussi défavorables que possible : des maîtres qui ne connaissent pas le pays et y sont inconnus; pas d'élèves, sauf quelques enfants amenés de Paris; pas de bâtiments propices pour recevoir maîtres et élèves; tout manque pour entreprendre sans témérité une fondation comme celle d'une maison d'éducation. En attendant l'édifice que l'on construit hâtivement, on improvise tout ce qui est nécessaire pour la vie d'un collège. Les granges

---

(1) On sait que, depuis le Concordat de 1801, le diocèse de Chartres est rattaché à celui de Versailles.

el quelques bâtiments du corps de ferme sont provisoirement transformés en réfectoire, en salle d'étude et en classes. On élève d'un étage la maison d'habitation et on construit au premier un certain nombre d'alcôves pour servir de dortoir (1). À côté du dortoir on organise l'infirmerie.

La première installation est, on le voit, quelque peu primitive. Il est vrai qu'en 1818 on n'est pas, dans les écoles et les collèges, comme on le sera plus tard, exigeant pour le confortable; on donne la première place à tout ce qui concerne les études; le reste est regardé comme secondaire.

Et cependant, malgré tant de défectuosités, la maison ne tarde pas à se remplir. Charmés par l'aménité des directeurs, attirés par le bon renom des professeurs, qui se répand vite dans toute la contrée, les élèves affluent et le succès du Séminaire s'affirme rapidement.

C'est à l'automne de 1818 seulement que la nouvelle construction prend l'aspect d'un collège avec ses deux étages. La façade donne sur le chemin de Loigny : elle a une longueur de vingt-deux mètres. Au rez-de-chaussée, il y a un grand vestibule ouvrant sur le chemin de Faverolles et sur la cour et dans lequel se trouve l'escalier. Puis viennent la salle d'étude, le réfectoire et la cuisine. Au premier sont les chambres du supérieur et des professeurs; au second un dortoir éclairé par cinq fenêtres donnant sur la cour.

-----

(1) Malgré les remaniements subis depuis un siècle par cette maison, on peut voir encore, dans le grenier, l'emplacement des alcôves.

Première administration

Voici les notes qu'a laissées M. Roullier sur la première administration et les professeurs qu'il a connus à Terminiers, notes précieuses, que conserve la bibliothèque de la ville de Chartres :

« Séminaire de Terminiers, ouvert à Pâques 1818.

« Notes sur les professeurs :

« Dallier (Jacques-Pierre-Théophile), supérieur, desservait la paroisse de Guillonville.

« Chouet (Louis-François), vice-supérieur, passe au Séminaire de Saint-Cheron.

« Dallier (Louis), mort archiprêtre de Notre-Dame.

« Dallier (Jean-Baptiste), archiprêtre de la Madeleine.

« Béranger (Jacques-Philippe), curé de Notre-Dame, à Nogent-le-Rotrou, m'a marié, a baptisé Auguste — son fils — professeur de sixième et de huitième; très doux.

« Pellier (Antoine), curé de Bonneval, où il est mort; très bon.

« Nasse (Louis-Blaise), curé de la Loupe et de Nogent-le-Rotrou, où il est mort; excellent professeur.

« Abbé Bernier, professeur de quatrième, mort à Paris, curé de Saint-Etienne-du-Mont; bon.

« Chavardin, professeur de troisième et de seconde : vif, artiste peintre; avec lui j'ai peint les colonnes du maître-autel de Loigny. »

Bien qu'il ait le titre de supérieur, M. Dallier en laisse exercer la charge par M. Chouet. Si celui-ci n'est que vice-supérieur, c'est qu'il n'est pas encore prêtre. Ancien élève de Stanislas, il inspire à M. Liautard, qui l'a déjà vu à l'œuvre dans sa succursale de Gentilly, une confiance méritée. M. Chouet n'est que diacre, mais il a terminé ses études ecclésiastiques et seule sa conscience timorée l'a empêché de recevoir le sacerdoce. Il ne sera ordonné prêtre qu'en 1822, à l'âge de vingt-six ans. Il en a seulement vingt-deux quand il vient à Terminiers et sa petite taille lui donne l'apparence d'un tout jeune adolescent; mais il est de ces « âmes bien nées », pour lesquelles « la valeur n'attend pas le nombre des années ». M. Liautard lui adjoint, avec le titre de supérieur, M. Jacques Dallier, un autre de ses élèves non moins distingué. C'est à Terminiers que tous deux font pour ainsi dire leurs premières-armes dans l'enseignement. Ils deviendront plus tard de remarquables éducateurs, l'un comme supérieur du Petit Séminaire de Saint-Cheron, à Chartres, pendant trente-six ans, l'autre comme supérieur du Grand Séminaire de Versailles.

La liste que donne M. Roullier est celle des professeurs qu'il a connus dans le cours de ses études et non de ceux qui exercent dès l'ouverture, car alors le nombre restreint des élèves ne nécessite pas autant de professeurs.

Les deux professeurs portant le nom de Dallier sont frères, cousins du supérieur. Jean-Baptiste, qui n'a que quatorze ans en 1818, n'a pu professer avant 1821 ou 1822 : jusque-là il n'est qu'étudiant. Il est d'ailleurs à remarquer que la plupart des professeurs ecclésiastiques de Terminiers sont trop jeunes pour être prêtres.

L'Abbé Côme, supérieur

Cependant l'abbé Côme termine ses études théologiques à Saint-Sulpice et est ordonné prêtre à la Trinité, le 5 juin 1819. Il rentre alors dans le diocèse de Chartres, où il prendra bientôt la direction du Petit Séminaire de Terminiers.

Cette maison, sous l'habile direction des abbés Dallier et Chouet, a grandement prospéré depuis un an et déjà cinquante élèves la remplissent. Le supérieur, M. Dallier, devant la pénurie de prêtres, qui est grande alors, a accepté de desservir la paroisse de Loigny. (C'est par erreur que M. Roullier parle de Guillonville.) Il la dessert jusqu'au mois de septembre 1819. A ce moment, c'est M. Côme qui lui succède dans l'administration de cette paroisse, qu'il gardera jusqu'au printemps de 1838, sans y avoir jamais résidé. Nous savons qu'il y va « à pied, par la pluie, par la neige et au milieu de la boue ».

En septembre 1819, MM. Dallier et Chouet reçoivent de nouvelles destinations. M. Dallier rentre dans le diocèse de Versailles, où il deviendra plus tard supérieur du Grand Séminaire et vicaire-général. Quant à M. Chouet, il est appelé à diriger un autre établissement que M. Liautard va ouvrir à Mantes. Après deux ans il revient à Chartres pour y professer la rhétorique au Grand Séminaire, est ordonné prêtre en 1822 et prend, en 1825, la direction du Petit Séminaire de Saint-Cheron, que vient de fonder le nouvel évêque de Chartres, Mgr Clausel de Montals.

Au départ de MM. Dallier et Chouet, M. Côme est nommé supérieur du Petit Séminaire de Terminiers. Pour reconnaître ses mérites, sa générosité et son désintéressement, M. Liautard lui fait la gracieuseté de venir lui-même présider à son installation et, dans un discours très étudié et qui fait impression, il « le complimente publiquement sur son dévouement à la propagation de l'enseignement et des belles-lettres ».

Doué d'une infatigable activité, M. Côme, aussitôt installé, travaille à accroître la prospérité du Séminaire, dont le succès s'affirme dans la contrée. L'accueil gracieux que le supérieur fait aux parents, la bonté qu'il témoigne aux enfants, les soins dont il les entoure et les progrès qu'il leur fait faire, tant dans leurs études que dans leur conduite, assurent promptement un renom mérité au collège de Terminiers. Une école primaire est annexée à l'internat secondaire, ce qui augmente sensiblement le nombre des étudiants. Et ainsi la fondation de M. Côme rend les plus grands services au pays où il l'a établie.

Pour mieux faire connaître sa maison, il fait insérer, en 1820, dans l'*Annuaire d'Eure-et-Loir*, l'avis suivant :

« Terminiers. — M. l'abbé Côme tient un pensionnat dirigé par des professeurs habiles : il enseigne la lecture, l'écriture, le calcul, les éléments des langues française, latine et grecque, l'histoire, la géographie, les mathématiques. La pension est de 400 francs pour la première division, 450 francs pour la seconde. »

Nouvelles constructions

La propagande et les efforts du directeur sont couronnés de succès : le Séminaire voit augmenter sensiblement le nombre de ses élèves. Les constructions de 1818 ne suffisant plus, M. Côme décide d'agrandir les bâtiments. Il fait donc élever, en 1821, une nouvelle construction à deux étages, qui prolonge de quinze mètres celle de 1818. L'établissement aura désormais une façade d'environ trente-sept mètres. On voit, au rez-de-chaussée des nouveaux bâtiments, une grande chambre à feu et, au bout, une belle salle des exercices pouvant servir de salle de récréation; au premier étage, deux chambres à feu et, à l'extrémité, une chapelle ayant la hauteur de deux étages; enfin, au second, un grand dortoir. Entre le dortoir et la chapelle, on a ménagé une petite tribune. Au levant, contre la partie nouvelle, on adosse un appentis, avec un étage, donnant deux pièces au rez-de-chaussée et autant au premier.

La chapelle est dédiée à saint Charles-Borromée. On y voit encore sa statue en plâtre, malheureusement mutilée.

Voulant joindre l'agréable à l'utile, M. Côme fait l'acquisition de deux pièces de terre attenant du côté nord au Séminaire. Il fait planter ce terrain en bois, réservant au milieu un rond-point pour y établir une pelouse. Ce petit bois, dans une contrée dénudée comme la Beauce, est pour les élèves un lieu de prédilection, où ils sont ravis d'aller prendre leurs ébats (1).

Grâce à ces sacrifices de tout genre, M. Côme rend sa maison de plus en plus attrayante. Son intimité avec M. Liautard lui permet de la pourvoir de professeurs savants et distingués. Aussi les élèves affluent à Terminiers de tous côtés. On y vient

______

(1) Il n'y a pas bien longtemps que ce bois a été détruit, au grand regret des habitants, qui aimaient à s'y rendre le dimanche; il était connu sous le nom de *Bois du Séminaire*.

de Chartres, de Nogent-le-Rotrou, de Dreux, de Châteaudun et même des départements voisins, si bien qu'en 1822 Terminiers possède quatre-vingt-dix élèves pensionnaires. L'établissement est, en réalité, un Séminaire mixte, où sont admis, à côté des élèves ecclésiastiques, ceux qui se destinent aux autres professions. C'est à Terminiers « qu'ont fait leur premier apprentissage une foule d'hommes distingués dans l'agriculture, dans le clergé, dans la magistrature » et dans les lettres.

Vie du Séminaire

Les élèves sont soumis à une discipline sérieuse, mais toute paternelle. Quoique laconiques, les notes de M. Roullier sont suggestives à cet égard.

Le régime des études est organisé avec soin, selon la méthode suivie alors dans les Petits Séminaires et les Collèges et qui, depuis longtemps, a fait ses preuves, ce qui permet de dire que les élèves sont « pourvus de bonnes leçons en grec, en latin et en français ». Les programmes ne sont pas compliqués comme de nos jours. Et, cependant, il est notoire que, sous le rapport des connaissances littéraires, la génération de ce temps-là a sur celle d'aujourd'hui une incontestable supériorité.

Les distributions de prix se font avec une grande solennité et les lauréats reçoivent de beaux volumes richement reliés. On ne sera pas fâché de connaître le libellé d'un des certificats qui signalent chaque prix :

Anno Domini millesimo octingentesimo vicesimo secundo, in solemni præmiorum distributione minoris Seminarii Carnutensis Terminariis in Belsiâ instituti,

Carolus-Augustinus Thomain, Carnutensis, in septimo ordine auditor a festo Paschali ad finem anni Locorum præmium meritus et consecutus est : in cujus rei fidem infra scripsi.

CÔME,
Min. Sem. Superior.

Ce qui démontre la valeur de la formation intellectuelle reçue à Terminiers, c'est que la plupart des élèves dont les noms nous sont parvenus, tant dans le clergé que dans les carrières libérales, sont des hommes remarquables par leur savoir et font grand honneur à la maison d'éducation qui les a formés. Et, d'ailleurs, les anciens élèves de Terminiers gardent un souvenir inoubliable du temps où ils y étaient pensionnaires et sont heureux de revenir visiter les lieux qui leur furent si familiers dans leur jeunesse.

Si nous cherchons à connaître la vie spirituelle du Séminaire, nous voyons qu'elle est toute d'édification. Il n'en peut être autrement avec les pieux ecclésiastiques qui dirigent la maison et qui resteront jusqu'à la fin de leur vie des modèles de vertus sacerdotales.

Avant la construction de la chapelle, le Séminaire ne peut assister aux offices qu'à l'église paroissiale. C'est pourquoi on organise dans l'église des bancs spéciaux à l'usage des élèves. Pour leur éviter la boue du chemin, on établit, sur un des côtés de la chaussée, depuis le collège jusqu'à l'église, un pavage en pierres carrées. Ce pavage existe encore en partie et on le nomme toujours *pavé du Séminaire.*

Après la construction de la chapelle, c'est-à-dire à partir de la rentrée 1821, le Séminaire ne vient à l'église paroissiale que le dimanche et les jours de fête. Et les élèves qui, jusque-là, ont fait leurs Pâques à l'église, les font désormais à leur chapelle.

Il faut noter que le confesseur de la maison est M. Hamard, curé de Terminiers. Après la mort de M. Hamard, en 1826, le confesseur attitré sera M. Morchoisne, curé de Guillonville et futur doyen de Terminiers.

Comme tous les Séminaires, celui de Terminiers a sa Congrégation de la Sainte-Vierge, où ne sont admis que les élèves d'une conduite irréprochable et d'une piété fervente. Ils ont le titre d'*Enfants de Marie;* à leur agrégation, ils reçoivent un diplôme où leur nom est inscrit, avec la date de leur admission. Chaque dimanche ils ont, à la chapelle, une réunion et des exercices particuliers.

Les élèves vont en promenade une après-midi de chaque semaine. Le parc du château de Villepion est le but préféré de leurs excursions. On les voit souvent aussi du côté d'Echelles, où la famille Courtois aime à les accueillir. Ils profitent de leur liberté pour acheter dans les fermes les larges fromages de Beauce, qui feront les frais de leur goûter.

De temps en temps, des séances récréatives viennent rompre la monotonie des études. On y fait entendre de joyeux couplets, qui permettent à la vieille gaîté gauloise de se donner libre cours.

Terminiers, vu sa situation excentrique à la limite sud du diocèse, est d'un abord difficile. Les routes n'existent pas encore; les chemins sont impraticables, surtout en hiver. C'est pourquoi, à un siècle de distance, le voyage de Terminiers nous semble un tour de force pour les élèves qui viennent de loin. Et, cependant, c'est ce qui arrive pour le plus grand nombre. Citons un curieux exemple : En 1826, Pierre Pâquert, de Boissy-en-Drouais, âgé de 14 ans, entre à Terminiers. Il part à pied de son village le lundi 30 octobre, à quatre heures du matin, par une pluie battante, accompagné d'un compatriote qui entre aussi au Séminaire. Pour se distraire, ils chantent des hymnes d'église. Ils arrivent à Terminiers le mardi, veille de la Toussaint, à neuf heures du soir. La manière dont est accueilli le jeune Pâquert nous donne une idée de l'aimable condescendance du supérieur. Mme Pâquert, ne connaissant pas la règle de la maison, a fait préparer pour son fils une soutane et c'est avec l'habit ecclésiastique que, le lendemain matin, il paraît pour la première fois devant les élèves de Terminiers. M. Côme croit devoir consentir à une exception en faveur de l'enfant. La conduite du séminariste, que dès lors ses condisciples appellent *le petit curé*, ne donne pas lieu de regretter la faveur dont il est l'objet; on le voit, dès le dimanche suivant, obtenir la place de premier à la composition hebdomadaire et cette place est habituellement la sienne dans les deux années qu'il passe à Terminiers. (*Voix de Notre-Dame*, 1872, page 102.)

Quelques notes, complétant celles de M. Roullier, feront connaître davantage les professeurs de Terminiers :

DALLIER (Jacques-Pierre-Théophile), mort en 1875, vicaire général et doyen du chapitre de Versailles.

CHOUET (Louis-François), né en 1796, à Brezolles; en 1861, chanoine titulaire; mort en 1866.

DALLIER (Louis), né en 1801, à Nogent-le-Rotrou; en 1825, professeur à Saint-Cheron; en 1838, curé de Saint-Pierre de Chartres; en 1866, archiprêtre de Notre-Dame; mort en 1888. Prêtre d'un grand cœur avec un zèle d'apôtre.

DALLIER (Jean-Baptiste), né en 1804, à Nogent-le-Rotrou; en 1827, curé de Romilly-sur-Aigre; en 1836, vicaire de la Madeleine de Châteaudun; en 1841, curé de la Madeleine, chanoine honoraire; mort en 1865. Homme d'une grande douceur et d'une piété profonde.

BÉRANGER (Jacques-Philippe), né en 1796, à Blévy; en 1820, vicaire de la Cathédrale; en 1822, curé de Laons; en 1832, curé de Notre-Dame de Nogent-le-Rotrou; mort en 1837. M. Brière, mort curé de la Cathédrale, a laissé sur M. Béranger, dans les registres paroissiaux, une longue notice où il fait un très bel éloge des vertus de son prédécesseur immédiat.

PELLIER (Antoine-Michel), né en 1800, à Nogent-le-Rotrou; en 1823, curé de Saint-Loup; en 1838, curé de Bonneval; mort en 1852.

NASSE (Louis-Blaise), né en 1798, à Chartres; en 1822, vicaire de Châteauneuf; en 1823, curé de Dammarie; en 1836, curé de la Loupe; en 1851, curé de Notre-Dame de Nogent-le-Rotrou, chanoine honoraire; mort en 1878.

BERNIER (Pierre-François), né en 1798, à Oysonville; ordonné prêtre en 1822, probablement à Chartres; professeur à Terminiers; dès 1827, signe, au mariage Marchand-Côme, avec le titre de chanoine honoraire de Chartres; plus tard précepteur dans la noble famille de La Rochefoucauld; prêtre administrateur à Notre-Dame de l'Abbaye-au-Bois; en 1844, premier vicaire à Saint-Etienne-du-Mont ; en 1848, premier vicaire à Saint-Roch; en 1849, chanoine honoraire de Paris; en 1854, curé de Notre-Dame-de-Bonne-Nouvelle ; en 1861, curé de Saint-Philippe-du-Roule; décédé à Paris le 14 février 1862, âgé de 63 ans. Prêtre instruit, distingué et d'une grande dignité de vie, très aimé dans tous les postes où il exerça le saint ministère (1).

MAURY (Eugène-Augustin), né en 1806, à Chartres; professe pendant un ou deux ans à Terminiers; en 1827, professeur à Saint-Cheron; en 1829, vicaire de Dreux; en 1878, chapelain de la chapelle Saint-Louis; mort en 1887. Prêtre excellent et d'un extérieur plein de dignité.

ANDRÉ (Jean-Louis), né en 1807, à Abondant ; professeur de rhétorique à Terminiers avant les Ordres jusqu'après 1830; en 1833, curé de Meslay-le-Grenet; en 1837, curé de Maillebois; mort en 1893. Homme de beaucoup d'esprit, mais d'un esprit caustique, qu'il exerce aux dépens du bon supérieur et de bien d'autres. Ses réparties vives et fines font le tour du diocèse et ont le don — chose difficile — d'amener le sourire sur les lèvres de Mgr Regnault. Littérateur distingué, M. André publie un certain nombre d'articles remarquables dans *La Semaine des Familles*, revue religieuse très répandue au milieu du siècle dernier.

---

(1) *Archives du Diocèse de Paris;* — *Semaine Religieuse de Paris*, XVII, 180.

Quant au supérieur, nous savons qu'il se montre avec tous, professeurs et élèves, d'une bonhomie charmante, qu'il est « plein de sagesse et de douceur ». Tout le monde est à l'aise avec lui et, dans l'intimité, on ne le nomme pas autrement que le *Père Côme*. Mais, comme beaucoup de prêtres de son époque, dont la formation intellectuelle fut, par le malheur des temps, un peu trop sommaire, il garde de sa première éducation un certain laisser-aller; il manque de fermeté et, par là-même, d'autorité; capable de faire un bon économe, il n'a pas les qualités voulues pour faire un vrai supérieur. Malgré tout, sa grande bonté, jointe à son désintéressement, lui attire les sympathies de tous.

Les Ordonnances de 1828

Arrivent les fameuses ordonnances de juin 1828. Le Petit Séminaire de Saint-Cheron est fermé et les élèves sont dispersés dans les presbytères du diocèse. Terminiers, par contre, n'est pas inquiété. Que s'est-il donc passé? Le correspondant d'un journal libéral de l'époque va nous l'apprendre. Il prétend d'abord que le Séminaire de Terminiers, « formé en 1818 par les intrigues jésuitiques », a subsisté pendant dix ans en dehors de l'Université et au mépris des lois qui la régissent; que, lorsque les inspecteurs viennent, le supérieur leur dit : « Nous sommes sous les auspices de M. l'Evêque de Chartres. » Et les inspecteurs n'osent aller plus loin. Mais voici paraître les ordonnances de juin 1828. On ne touche pas à Terminiers. Le correspondant, scandalisé, s'écrie : « Croiriez-vous que la Congrégation eut l'adresse de faire investir le supérieur du titre de chef d'institution, sans que ce dernier subît les examens de bachelier ès-lettres et ès-sciences, conditions exigées par les règlemens pour obtenir le diplôme d'emploi? » (*Le Glaneur* du 11 novembre 1830.)

Il n'y a aucun doute que c'est l'influence encore très grande de M. Liautard qui empêche la fermeture de Terminiers en 1828.

La décadence

Revenons un peu en arrière. L'année 1825 voit se produire un événement qui, s'il est heureux pour le diocèse, va être funeste pour la maison de Terminiers. En 1824, Mgr Clausel de Montals est promu à l'Evêché de Chartres. Aussitôt il prend des mesures pour avoir un Petit Séminaire plus rapproché de la ville épiscopale. Après quelques pourparlers sans résultat du côté de Nogent-le-Rotrou et de Châteaudun, il crée, en 1825, le Petit Séminaire de Saint-Cheron, près Chartres. Ce nouvel établissement doit fatalement supplanter celui de Terminiers. Le déclin ne se fait pas immédiatement sentir, car beaucoup d'élèves distingués, tel le jeune Pâquert, continuent, pendant environ deux ans, à affluer à Terminiers, dont la réputation se soutient toujours.

Avant la fondation de Saint-Cheron, l'Evêché de Chartres accorde des subsides aux établissements d'instruction qui fournissent des recrues au Grand Séminaire, et particulièrement à celui de Terminiers. Mais une fois Saint-Cheron bien établi, Mgr Clausel de Montals supprime toute aide aux autres maisons. On fait plus. Jusque-là l'Evêché, qui a toujours donné des professeurs prêtres à Terminiers, refuse d'en accorder désormais. Et même quelques-uns, comme M. Louis Dallier, sont enlevés de Terminiers pour être envoyés à Saint-Cheron. Ces mesures de l'autorité épiscopale, prises coup sur coup, affectent profondément M. Côme. Les échos de ses plaintes lui ont longtemps survécu.

Dans sa détresse, il fait appel à son ancien maître, M. Liautard. Celui-ci ne veut pas abandonner cette maison de Terminiers, qui est une de ses premières fondations. Mais il n'a plus sous la main de professeurs distingués, comme ceux qui ont donné un si bon renom au Séminaire naissant. Ceux qu'il envoie n'ont ni la science, ni la distinction des premiers. Nous trouvons, en 1826, Jacques-Victor Revoir, clerc tonsuré, et, en 1827, Jean-Baptiste Giot. Ce dernier professe encore en 1830.

Raphaël Côme, frère du supérieur, est également signalé comme professeur en 1830. Evidemment, le courageux abbé Côme cherche à faire flèche de tout bois (1).

Malgré tous ces déboires, le Séminaire, à la fin de l'année 1830, accuse encore assez de vitalité pour mériter les attaques du journal *Le Glaneur*. Le bon apôtre, dont nous avons déjà lu les doléances relativement à la violation des ordonnances de 1828, se plaint que M. Côme cumule les fonctions de chef d'institution et de curé de Loigny. L'Etat le paie, dit-il, pour être curé de Loigny et pour y résider et non pour être chef d'institution et résider à Terminiers. Il achève sa lettre sur une hypocrite leçon de droit canon empruntée au concile de Trente, touchant la résidence.

Cependant, les jours du Séminaire de Terminiers sont désormais comptés. Il va succomber sous la concurrence victorieuse de Saint-Cheron.

Il faut bien convenir que Saint-Cheron a sur Terminiers de multiples avantages. Situé près de la ville épiscopale, au centre du diocèse, avec des moyens de communication sur tous les points, le nouveau Séminaire doit éclipser l'ancien et le résultat ne se fait pas attendre. Un grand nombre d'aspirants au sacerdoce du pays Chartrais, du Drouais, du Perche, du Dunois, quittent Terminiers et viennent à Saint-Cheron se ranger sous la direction de M. l'abbé Chouet, qui contribue ainsi, par cette deuxième fondation, à renverser la première. Il ne reste à Terminiers que les élèves laïques et les séminaristes du voisinage. L'établissement sombrerait dès ce moment sans l'école primaire, dont les élèves appartiennent au pays et qui, en continuant d'y aller en classe, lui permettent de végéter jusqu'en 1833.

M. l'abbé Côme, devant la détresse de sa maison, ne peut se résoudre à la voir disparaître. Il multiplie les démarches, les dépenses, les sacrifices. Ayant consacré sa vie à l'œuvre si belle de l'éducation de la jeunesse, il veut employer tous les moyens pour sauver son Séminaire, dût sa fortune privée y passer tout entière. Hélas! malgré le sacrifice de sa fortune, le pauvre abbé Côme est condamné à voir périr cette maison qui lui est si chère.

----

(1) Il est à remarquer que le Petit Séminaire de Terminiers n'a jamais été inscrit dans le Bref diocésain, tandis que Saint-Cheron y figure dès sa fondation.

On a conservé le souvenir d'une curieuse anecdote se rap-
portant à ce temps de la décadence. M. Côme vient de faire
placer à la façade de l'établissement une statue de la Sainte
Vierge : il a l'espoir de retarder ainsi une chute qui paraît
imminente. Le travail terminé, le supérieur, accompagné de
ses professeurs, vient se rendre compte de l'effet que produit
la statue. « Nous voici, dit-il, plus que jamais sous la protec-
tion de la Sainte Vierge. Cette statue donne à la maison un
cachet plus religieux; il faut maintenant lui trouver une ins-
cription. — Mais, dit l'abbé André, toujours malicieux, elle
me paraît toute indiquée. — Vraiment! reprend M. Côme. Et
laquelle, s'il vous plaît? — *Succurre cadenti!* (1) ». Là-dessus
le supérieur se détourne contristé. Il ne comprend que trop
bien la répartie, plus cruelle encore que plaisante, de l'abbé
André : elle est l'image de la situation.

Malgré son dévouement et ses mérites, M. Côme, on a pu
le constater, n'a pas l'oreille de l'autorité diocésaine. A la
mort, en 1826, du vénérable M. Hamard, curé-doyen de Terminiers, il a l'espoir qu'il sera appelé à le remplacer, mais ce
poste est confié à M. Plâtrier, curé de Fontaine-Simon. C'est
pour lui une déconvenue à laquelle il se montre très sensible.
Elle se renouvelle l'année suivante, car M. Plâtrier ne fait
que passer à Terminiers. Cette fois encore l'Evêché ne pense
pas à M. Côme : le nouveau doyen est M. l'abbé Sureau, curé
d'Ouerre, âgé de 29 ans, originaire de Denonville. M. Sureau,
après avoir été le témoin attristé de la ruine d'un établissement
qui fut l'honneur de sa paroisse, quittera Terminiers en 1834,
pour devenir vicaire-général.

Le Petit Séminaire achève sa carrière de maison d'éducation avec la fin de l'année scolaire 1832-1833. Jacques Côme,
père du supérieur, était mort le 5 avril 1833. Les 16 et 17 septembre de la même année, nous assistons à la vente des meu-
bles : tables, bancs, lits, matelas, couvertures, rideaux, ser-
viettes, etc., du Séminaire. Cette vente produit la somme déri-
soire de 890 francs. Ce qui n'est pas vendu alors est remis en
adjudication un an après. On accourt à ces ventes de tous les
pays environnants. Enfin, le 18 septembre 1834, l'abbé Côme
vend à la commune de Terminiers, représentée par le maire,
M. Germain Courtois, pour la somme de 5.000 francs, la moitié
environ des bâtiments du Séminaire, destinés à servir de mairie

---

(1) « Venez au secours de la maison qui tombe! » Paroles
tirées de l'antienne *Alma Redemptoris.*

et d'école primaire. Il est spécifié que la clochette de l'établissement fait partie de la vente. Ces bâtiments feront place, en 1864, à la mairie et à l'école communale actuelles.

M. l'abbé Côme continue à desservir Loigny jusqu'en février 1838. Il est alors nommé curé de Civry, où il ne réside que quelques mois. Le 5 mars 1839, il meurt à Patay, chez sa sœur et filleule, Joséphine Côme, épouse de Théodore Marchand. Il n'est âgé que de 49 ans.

Ainsi finissent et le Petit Séminaire de Terminiers et son dévoué fondateur. Tant de courage dépensé, tant de services rendus, tant de mérites acquis étaient, semble-t-il, dignes d'un meilleur sort. En présence d'une telle infortune, succédant à une période, très courte, il est vrai, mais si brillante, on ne peut s'empêcher de redire, avec le poète latin :

SUNT LACRYMÆ RERUM...

Liste de quelques Élèves de Terminiers

dont on a pu retrouver les noms, avec, pour chacun d'eux,

quand c'est possible, un bref curriculum vitæ

ECCLÉSIASTIQUES

Paty (Pierre-Henri), né à Voise en 1800. En 1827, curé de Theuville; en 1828, curé de Bailleau-le-Pin, y décédé en 1878. Oncle de M. Paty, qui fut longtemps économe des Séminaires.

Paré (Pierre-Stanislas), né à Terminiers le 16 juillet 1803, baptisé le lendemain. En 1827, curé de Garnay, y décédé en 1860. Prêtre renommé par sa grande piété. Il laissa en mourant une somme de 1.500 francs pour faire dire des messes pour ses paroissiens défunts. Le Grand Séminaire de Chartres possède un beau portrait de M. Paré : on voit à ses côtés un jeune enfant auquel il donne des leçons.

Sagot (Etienne-Philippe), né à Chartres en 1803. En 1826, vicaire de Châteauneuf; en 1827, curé d'Ollé, y décédé en 1887.

Joyeux (Louis-Casimir), né à Armenonville en 1803. En 1831, curé de Berchères-sur-Vesgre, y décédé en 1871.

Hubert (Claude), né à Marville-les-Bois en 1803, fit sa première communion à Terminiers le 6 juin 1819. En 1827, curé du Mesnil-Simon; en 1836, curé de Boutigny; en 1860, curé de Chartainvilliers, y décédé en 1886.

Dallier (Jean-Baptiste). Fut élève à Terminiers, avant d'y être professeur. (*Voir page 20.*)

Guérin (Pierre-Julien), né à Poupry en 1805. En 1828, curé de Villiers-le-Morhiers; en 1831, curé de Sandarville; en 1837, curé de Prunay-le-Gillon, y décédé en 1853.

Tʜᴏᴍᴀɪɴ (Charles-Auguste), né à Bazoches-les-Hautes en 1805.
En 1831, curé de Marchezais; en 1834, curé d'Oysonville;
en 1836, curé de Saint-Symphorien, y décédé le 15 août 1875.
Aimé et estimé de ses paroissiens pour la sainteté de sa vie.

Pᴇʟʟᴇ́ (Jean-Prosper), né à Terrenoire, hameau de Terminiers,
le 2 juin 1807, baptisé le lendemain, fit sa première communion le 6 juin 1819. En 1833, curé de Theuville; en 1836,
curé d'Oysonville, y décédé en 1881. Son souvenir y est resté
en vénération.

Lᴀɪ̂ɴᴇ́ (Pierre-Antoine-Clément), né à Cherisy en 1808. En
1832, curé de Rueil; en 1850, curé de Sours; chanoine honoraire. Décédé à l'hospice de Chartres en 1886. Prêtre zélé,
il est le fondateur de l'école chrétienne de Sours.

Pɪɴᴏᴛ (Joseph-Eugène), né à Touriette, ferme de Terminiers,
le 3 janvier 1809, baptisé le lendemain, fit sa première
communion le 2 juillet 1820. En 1832, curé du Mée; en
1834, vicaire de Brou sur sa demande; en 1846, curé de
Mottereau; en 1850, curé de Beauvilliers. En 1874, il meurt
subitement dans la sacristie, après sa messe. Peu auparavant,
il avait assisté, à Terminiers, aux noces d'or sacerdotales
de M. Morchoisne. Très bon et très aimé de ses paroissiens.

Lᴇᴄᴏᴍᴛᴇ (Denis-Eugène), né à Oinville-sous-Auneau en 1809.
En 1835, vicaire d'Arrou; en 1837, curé de Meslay-le-Grenet;
en 1843, curé de Saint-Georges-sur-Eure, y décédé en 1875.

Bʀᴀᴢᴏɴ (Jean-Augustin), né à Chartres en 1809. En 1832, vicaire de la Bazoche; en 1835, vicaire de Cloyes; en 1836,
curé de Romilly-sur-Aigre, y décédé en 1873. Prêtre d'une
grande piété et d'un jugement sûr; estimé de ses paroissiens.

Cᴏᴜʀᴛᴏɪs (Adrien-Isidore-Adolphe), né au Puiset en 1810. En
1837, curé de Champseru; en 1842, curé du Mesnil-Thomas;
en 1862, curé de Moléans, y décédé en 1872.

Bᴏʀᴅɪᴇʀ (Pierre-Louis), né à Réclainville en 1810. En 1834,
curé de Gironville; en 1835, curé de Saint-Prest; en 1849,
chapelain de Saint-Brice; en 1854, chanoine honoraire; décédé en 1888. Prêtre plein de foi et d'humilité. Il avait une
très belle voix et dit un jour au successeur de M. Morchoisne : « Etant élève à Terminiers, j'ai chanté la messe
dans la cathédrale de votre paroisse. »

Manceau (Lambert), né à Janville le 27 novembre 1810. En 1833, curé de Berchères-l'Evêque; en 1859, secrétaire de l'Evêché ; en 1867, chanoine titulaire et chanoine de Montréal; décédé en 1894. Prêtre d'un grand zèle et d'une foi très agissante. Fondateur de la communauté des Sœurs de Notre-Dame.

Doret (Césaire), né à Fresnay-l'Evêque en 1811. En 1835, vicaire d'Yèvres; en 1835, curé des Corvées, y décédé en 1886.

Radais (Joseph-Ambroise), né à Condé-sur-Huisne en 1811. En 1834, curé de Montigny-le-Gannelon; en 1856, curé de Nogent-le-Roi; en 1866, curé de la Madeleine de Châteaudun, chanoine honoraire; décédé en 1887.

Pécheteau (Jean-Baptiste), né à Nottonville en 1811. En 1834, curé de Boissy-en-Drouais; en 1841, curé de Laons; en 1861, économe des Séminaires; en 1864, chanoine honoraire; en 1873, chapelain de la Visitation. Décédé en 1885. Prêtre plein de zèle et de charité.

Livrayes (Louis-Pierre-Hilaire), né à Illiers en 1811. En 1836, curé de Saint-Germain-le-Gaillard; en 1854, curé de Pré-Saint-Evroult, y décédé en 1858.

Livrayes (Pierre-Isidore-Faustin), frère du précédent, né à Illiers en 1812. En 1836, curé du Mesnil-Simon; en 1840, curé de Nogent-sur-Eure, y décédé en 1879. Homme d'un dévouement remarquable : il allait jusqu'à ensevelir les morts. Au Séminaire, on nommait l'aîné Livrayes *major* et le second Livrayes *minor*.

Pâquert (Pierre-Philippe), né à Boissy-en-Drouais le 2 octobre 1812. En 1836, curé de Rouvray-Saint-Denis; en 1837, curé de Champhol; en 1838, directeur au Grand Séminaire et chanoine honoraire; en 1841, supérieur du Grand Séminaire; en 1849, vicaire-général; décédé en 1860. M. Pâquert fut, au milieu du siècle dernier, une des lumières de l'Eglise de Chartres. Vénéré de ses élèves et de tous les prêtres qu'il avait formés, affectionné des âmes très nombreuses qu'il dirigeait, il laissa une réputation d'incontestable sainteté.

*
* *

LAÏQUES

Roullier (Valentin-Stanislas), né à Sonchamp (Seine-et-Oise) le 13 novembre 1802. Entré dans la magistrature, il fut nommé, en 1830, juge d'instruction à Nogent-le-Rotrou; de 1842 à 1848, il fit partie du Conseil général; en 1844, il est juge à Chartres; en 1873, juge honoraire. Travailleur infatigable, doué d'une très vive intelligence, M. Roullier a collaboré au journal *Le Nogentais*, à la *Nouvelle Biographie générale Didot*, au *Messager de la Beauce et du Perche*. Il mourut à Chartres le 13 février 1899, âgé de 96 ans. Il laissa en mourant une généreuse offrande pour l'*Œuvre des Pauvres malades*. Un de ses neveux, Etienne Roullier, ancien fermier, se retira à Terminiers; il y mourut en 1881 et sa veuve, Clara Chaufton, bienfaitrice de l'église, en 1892.

Fousset (Barthélemy-Adolphe), né à Terrenoire, hameau de Terminiers, le 26 avril 1807, baptisé le lendemain sous le nom de Chrysostôme, fit sa première communion dès l'âge de 11 ans, chose inouïe à cette époque. Né de parents pauvres, il dut à sa précoce intelligence d'être remarqué par le curé de Terminiers. Il nous le dit lui-même, dans ce quatrain inédit, que nous devons à la complaisance de son petit-fils, M. André Huerne, docteur en droit :

> *Douzième et dernier fils d'un pauvre journalier,*
> *Né faible et sans ressource (et comment travailler?)*
> *J'eus la faveur du sort, loin de l'avoir contraire :*
> *On vint près de chez nous bâtir un séminaire.*

M. Fousset, après ses humanités, fut admis au Grand Séminaire, mais, au bout de deux ans d'épreuve, il reconnut qu'il n'était pas appelé à l'état ecclésiastique. Il entra dans l'enseignement, professa aux collèges de Châteaudun et de Chartres, et s'établit ensuite à Orléans comme professeur privé. Il mourut à Orléans le 30 septembre 1895. Il a publié un recueil de poésies et quelques ouvrages de pédagogie. Il était intimement lié avec M. l'abbé Morchoisne, chez qui il venait passer chaque année une partie de ses vacances.

Galopin (Pierre-Taurin), né à Chauffours en 1810. Se croyant appelé au sacerdoce, il passa quelque temps au Grand Séminaire. Docteur en médecine, en résidence à Illiers, chevalier de la Légion d'Honneur, il rendit pendant cinquante ans de très grands services dans tout son canton. Il mourut en 1889. Quelque temps avant sa mort, il voulut faire le voyage de Terminiers, afin d'y revoir les lieux où il avait fait ses premières études.

BEAUNIER (Benoist-Louis-Joseph), né à Blévy le 21 mars 1811. Ancien médecin, puis rentier à Nogent-le-Rotrou, où il mourut le 12 janvier 1894, M. Beaunier était membre de la Congrégation des Enfants de Marie et en conserva pieusement jusqu'à sa mort le diplôme encadré.

BARUÉ, négociant à Orléans, père de M. Albert Barué, qui fut longtemps pharmacien à Chartres, rue de la Clouterie.

DU CAYLA DE BASCHI (Pierre-Ugolin). — Il nous reste à parler d'un élève dont la présence à Terminiers fut un mystère pour les contemporains.

Un jour, vers 1820, on vit s'arrêter à la porte du Séminaire une berline assez élégante, de laquelle descendirent un prêtre et un tout jeune enfant. Ils étaient attendus par le supérieur, qui leur fit un bienveillant accueil. Ce nouvel élève, étant beaucoup plus jeune que les autres, ne put suivre les cours de l'établissement, mais l'abbé qui l'accompagnait lui servit de précepteur et en même temps se chargea de la classe de quatrième. L'enfant parut charmant à tout le monde; on ne le connaissait que sous le nom de *petit Pierre*. Sa présence était une énigme pour tous, sauf pour le supérieur. On était intrigué; mais on le fut bien plus encore lorsqu'au bout de quelques semaines on vit de beaux équipages s'arrêter à la porte du Séminaire et de grands personnages, comme le vicomte de La Rochefoucauld, venir s'enquérir de la santé et des progrès de petit Pierre. On se permit bien des suppositions : on alla même jusqu'à dire que ce devait être un jeune prince, que l'on cachait pour raisons politiques.

Au bout de trois ans, petit Pierre disparut, sans que l'on sût ce qu'il était devenu et, à Terminiers, on n'en entendit plus jamais parler.

Voici cependant quel était cet enfant, qui fut pensionnaire de l'abbé Côme dans des conditions si mystérieuses. Il y avait alors à la Cour une dame d'une beauté remarquable et d'une intelligence non moins grande. Elle avait fait la conquête de la confiance royale et exerçait une grande influence sur Louis XVIII, qui en avait fait son Egérie.

Cette dame, qui eut son heure de célébrité, n'était autre que Zoé-Victoire Talon, fille du jurisconsulte bien connu, Omer Talon, seigneur du Boullay-Thierry avant la Révolution et député à l'Assemblée Constituante. Née en 1784, elle avait épousé le comte Achille du Cayla, dont elle avait eu deux enfants, une fille et un garçon, celui-ci de quelques années plus jeune que sa sœur. Malgré ses exceptionnelles qualités, elle n'avait pas été heureuse en ménage et avait été obligée de se séparer de son mari, par suite, semble-t-il, des prodigalités de ce dernier.

Mme du Cayla voulait soustraire son jeune fils, Ugolin, qui était d'une santé délicate, à l'influence de son père, mais elle ne savait ni où ni comment le cacher. Elle faisait un jour part de ses ennuis à M. l'abbé Liautard; celui-ci, qui lui-même était très bien noté auprès du roi, dit à la noble dame : « Madame, confiez-moi votre enfant; je crois pouvoir le cacher de telle façon qu'on ne puisse découvrir sa retraite. J'ai, au fond de la Beauce, une succursale de mon établissement de Paris : c'est un Séminaire-Collège à peu près inconnu, et dont l'avantage pour vous est d'être situé dans une contrée de communications peu faciles. » Pleine de reconnaissance, la mère remit son fils à M. Liautard et ce fut ainsi qu'Ugolin devint élève de Terminiers, probablement en 1820. Au Séminaire, petit Pierre — on ne le connut que sous ce nom à Terminiers — « fut confié aux soins de M. l'abbé Bernier, que l'évêque de Chartres, M. de Latil, accorda sur la demande de Monsieur (le futur Charles X) (1). »

La mère put correspondre avec son fils par l'intermédiaire du vicomte de La Rochefoucauld qui, depuis longtemps, avait pour elle une grande estime. M. de La Rochefoucauld vint donc assez souvent à Terminiers pendant les trois années qu'y passa Ugolin, afin de pouvoir donner à Mme du Cayla des nouvelles de son enfant, « auquel le roi prenait un vif intérêt (2) ».

La retraite d'Ugolin ne fut jamais découverte : M. Liautard avait bien tenu sa promesse. Aussi la confiance que lui témoignait Mme du Cayla s'en augmenta-t-elle d'autant, ce qui permit au directeur de Stanislas d'acquérir ainsi peu à peu une grande influence politique, dont il se servit pour la bonne cause.

Le passage du jeune Ugolin à Terminiers est signalé par nos registres paroissiaux. Le 18 juin 1822 eut lieu le baptême d'une nièce de l'abbé Côme, fille de son frère Benjamin, marchand drapier. Le parrain fut petit Pierre et la marraine

---

(1) *Mémoires de l'abbé Liautard*, par l'abbé Denys, page 94.
(2) *Ibidem*, page 99.

Mme la comtesse Achille du Cayla de Baschi. L'enfant fut nommée *Louise-Zoé*. Mais seul le parrain était présent; la marraine
s'était fait représenter. L'acte est signé par l'abbé Bernier et
par le jeune parrain. La signature « Pierre Ugolin du Cayla
de Baschi » est très nette; l'écriture paraît être celle d'un
enfant de neuf à dix ans. Ceci nous permet d'ajouter que l'abbé
Denys s'est trompé en disant qu'Ugolin n'avait que quatre ans
quand il vint à Terminiers.

L'acceptation de ce parrainage était pour Mme du Cayla un
moyen élégant de témoigner sa reconnaissance au supérieur
du Séminaire pour les bons soins donnés à son jeune fils dans
cet établissement.

Que devint Ugolin dans la suite? Eut-il un rôle dans le
monde? Nous l'ignorons, malgré toutes les recherches que les
personnes les plus qualifiées ont bien voulu faire pour nous.
N'ayant point d'histoire, peut-être fut-il heureux?

Le *Louis XVIII* de M. J. Lucas-Dubreton, ouvrage si riche
en anecdotes, nous offre un superbe portrait de Mme du Cayla
et de ses deux enfants, d'après un tableau de Gérard, appar-
tenant à M. le prince de Beauvau. Le jeune Ugolin, en cos-
tume de marin, le béret bien campé en arrière, est debout
à côté de sa mère, qui entoure de son bras droit les épaules
de son fils. Il paraît âgé de 13 à 14 ans; son visage ovale, aux
traits distingués, aux yeux expressifs, dénote un caractère
énergique et résolu. En contemplant ce portrait, on comprend
que petit Pierre ait gagné les sympathies de tous à Terminiers.

Épilogue

UNE ÉPAVE DU SÉMINAIRE

En l'année qui suivit la disparition du Séminaire, un curieux procès fut jugé au tribunal de Chartres. Il s'était formé dans la contrée une association de brigandage entre un certain nombre de bergers des fermes de Terminiers, Rouvray-Sainte-Croix, Lumeau, Baigneaux, Loigny et quelques autres d'Allaines et Viabon. Ces bergers s'engageaient à prendre, à certains moments, une brebis de leur troupeau et à la livrer à l'association. Ils la transportaient à Bazoches-les-Hautes et la mettaient entre les mains du garde-chasse du château, qui la vendait aux marchés voisins d'Etampes ou de Dourdan, ou encore à des bouchers qui se faisaient les complices de ces vols. De temps en temps ils se réunissaient à Terminiers, pour faire en commun des ripailles pantagruéliques : un mouton volé en faisait les frais. Et — c'est pourquoi nous parlons de cette curieuse affaire — ils avaient, pour préparer leurs festins, réquisitionné l'ancien cuisinier du Séminaire. Les réunions se tenaient dans une cave très profonde, située dans le jardin de la maison qu'habite aujourd'hui M. Bourgeois-Picault.

Table des Matières